AF278587

ADRESSE
AU ROI,

Par Joseph REY,

DE GRENOBLE,

CONSEILLER A LA COUR ROYALE D'ANGERS.

SIRE ,

A une époque mémorable , où déjà les destinées de la patrie étaient d'une gravité immense , j'osai seul adresser un langage sévère (1) à l'homme devant qui tout s'inclinait alors , mais qu'un aveuglement fatal entraînait avec nous dans l'abîme. J'osai parler de paix et de liberté à un prince aussi avide de gloire que de domination ; j'osai rappeler ses fautes et retracer ses devoirs à celui qui ne croyait qu'à ses propres inspirations ; j'osai prédire un déluge de maux, avec sa chute dernière , à celui qui n'avait jamais souffert que la prière de l'esclave , ou que les accens d'un aveugle enthousiasme.

Ma voix ne fut pas écoutée. Non seulement le prince , mais le pays n'était point mûr pour un tel langage. On me taxa d'exagération , et pourtant mes tristes prédictions ne tardèrent pas à s'accomplir. L'Europe entière ne tarda pas à subir de nouveau les plus cruelles épreuves ; le sang des nations coula de nouveau pour d'absurdes rivalités ; les peuples et les rois dûrent encore s'entr'égorger pour une

---

(1) Voir mon Adresse à l'empereur, à son retour de l'île d'Elbe.

prétendue différence d'intérêts. La France... je frémis à ce souvenir! la France dut bientôt courber de nouveau sa tête sous le joug de l'étranger!... Et le plus grand des guerriers, qui deux fois n'avait pu nous sauver de ce fléau, parce que deux fois il n'avait pas su rattacher à son bras vigoureux le drapeau de la liberté, Napoléon dut aller mourir de désespoir sur une roche inhospitalière, expiant ainsi d'une manière affreuse la funeste erreur de n'avoir pas su véritablement se mettre à la tête de son siècle.

Alors, comme en ce moment, étranger à toute ambition personnelle, étranger à l'esprit étroit de toute faction politique, mon cri n'eut d'autre mobile qu'un sentiment profond des souffrances qu'un faux système pouvait infliger à mes semblables. Mais alors, plein de jeunesse et de force, plein surtout d'indignation contre de lâches adulateurs, ma voix fut haute, impétueuse, empreinte d'une vertueuse âpreté. Aujourd'hui, quoique excitée par un sentiment non moins impérieux, tempérée par l'âge et une triste expérience des communes faiblesses, elle sera moins altière, plus calme, plus indulgente; mais elle ne sera pas moins sincère auprès de vous. Je le dois à l'honneur, je le dois aux intérêts les plus chers de la patrie, de l'humanité entière, dont le sort désormais est lié invinciblement au sort du grand peuple initiateur du progrès de la société humaine.

Sire, l'époque actuelle est peut-être encore plus grave que celle qui précéda la chute définitive de Napoléon : elle est surtout plus décisive pour le bonheur des peuples ; et cependant, je dois vous le dire sans détour, car le temps presse, car je puis vous le dire sans injure, vos yeux, comme ceux de l'infortuné grand homme, sont entièrement fascinés sur votre propre position, sur celle de la France, sur celle du monde qui nous contemple, du monde qui n'attend qu'un coup de notre gouvernail pour s'avancer avec nous vers le port, ou pour voguer au contraire de nouveau sur les plus terribles écueils.

Oui, je dois le dire sans détour, et je le dis sans hésiter, car j'ai la triste certitude de n'être point démenti par les faits, vos conseillers actuels, comme alors ceux de Napoléon, vos conseillers vous conduisent à leur insu, mais inévitablement, dans un gouffre épouvantable ; et ils préparent à la patrie, non des maux irréparables, car la nation survivra à toutes les fautes de ses chefs, mais une suite déplorable de déchiremens, de maux et de crimes, qui, ternissant la plus belle des causes, viendront encore épouvanter l'univers.

Je le répète, Sire, le temps presse, mais il est temps encore... arrêtez-vous au bord du précipice!... Ah! changez, changez sans délai un système qui n'a produit qu'audace chez vos vrais ennemis, que défiance et désaffection chez vos plus fermes soutiens. On vous parle sans cesse de la *force* qui doit faire la base de tout gouvernement. Eh bien ! moi-même aussi je vous parlerai de la *véritable* force, qui seule peut en ce moment vous sauver. Oui, soyez fort, mais d'une force sublime, bienfaisante, et non de cette force aveugle et brutale qu'on prodigue en votre nom, et qui ne fonda jamais une institution solide, parce qu'elle ne gagna jamais un cœur, et ne ramena jamais une raison égarée. C'est d'abord contre les perfides suggestions de l'égoïsme, c'est contre les funestes intrigues de cour, qu'un monarque doit savoir s'armer d'un courage parfois pénible, mais qui finit par tout subjuguer, avec le plus doux des triomphes. Un autre attribut de la vraie force d'un gouvernement, c'est de savoir s'élever au-dessus des intérêts exclusifs, pour ne voir que les intérêts vraiment généraux ; c'est de savoir reconnaître les besoins vraiment légitimes, et apprécier les ressources vraiment durables de l'État ; c'est de savoir, dans les momens de crise, parer d'abord aux souffrances les plus poignantes, si toutes les souffrances ne peuvent être à la fois satisfaites ; c'est enfin de mettre une volonté inébranlable à l'exécution de vues aussi paternelles. C'est ainsi, non seulement qu'il aura respecté les lois sacrées de la justice et de l'humanité, mais qu'il aura fondé invinciblement les véritables bases de l'ordre public. Vainement croirait-il suppléer à ces moyens tout-puissans par le machiavélisme ou la seule terreur ;

tant qu'il laissera subsister les élémens primitifs de tout désordre, l'injustice et la déception, il pourra bien comprimer un instant les réactions violentes de ceux qu'ils auront conduits au désespoir, mais ce sera pour les voir renaître sans cesse, et toujours plus terribles.

Je suis persuadé, Sire, que telles sont au fond vos propres pensées ; je suis certain que je viens d'exprimer l'objet même de tous vos vœux. Je suis certain que c'est ainsi que vous avez résolu de régner ; j'en ai la garantie dans toutes les vertus privées qui vous distinguent. Plein d'une simplicité touchante, ennemi des dépenses vaines et immorales, époux et père plein de tendresse, pouviez-vous accepter sans répugnance la continuation d'un système qui ne fait consister la majesté du trône que dans l'appareil d'un faste à la fois corrupteur et insultant pour les malheureux ; d'un système qui ne favorise que les prodigalités, les déprédations, la corruption privée et politique ; d'un système enfin qui, faisant peser les plus grandes charges sur l'homme qui n'a que ses bras, fait languir des milliers de familles dans l'abrutissement et la misère, en même temps qu'il conduit à une ruine plus éclatante les chefs de l'industrie eux-mêmes, sans cesse menacés par la hideuse banqueroute, ou par le soulèvement insensé d'hommes réduits au désespoir ? Pourriez-vous surtout, Sire, sans quelque erreur spécieuse, mais profonde, pourriez-vous persister sans retour dans un système qu'on ne peut soutenir qu'à l'aide des moyens terribles qui viennent de faire couler le sang du peuple, mais qui, naguère aussi, firent tomber en même temps la plus ancienne couronne du monde ?

Cette erreur si grave, si funeste, qui déjà sans doute vous a fait verser bien des larmes amères, il faut vous la signaler dans toute son étendue. Ce n'est qu'en connaissant bien la cause d'un mal qu'on peut en trouver le vrai remède. Heureusement cette erreur ne réside point chez vous dans l'amour du despotisme ; je dis plus, elle n'a d'autre source qu'un sentiment des plus respectables dans son principe, mais qui fut exagéré dans ses conséquences : ce sentiment fut la crainte incessante de l'*anarchie* et des excès révolutionnaires , qui , s'emparant de tous vos sens, captivant toutes vos facultés , produisit autour de vous un tel vertige d'épouvante , que les agens de votre pouvoir, poursuivis de tous côtés par ce fantôme affreux , coururent eux-mêmes se précipiter en aveugles vers sa triste réalité. Ne voyant plus que projets de désordre dans toute attaque d'un abus , dans toute tentative d'un progrès nouveau , ils repoussèrent sans examen des avis qui tendaient sincèrement à l'amélioration du sort de toutes les classes ; ils refoulèrent avec dédain au fond de cœurs brûlans une foule de sentimens généreux. Ils cherchèrent d'abord seulement à en paralyser l'expression , puis ils en persécutèrent les auteurs : semblant ainsi se plaire eux-mêmes à changer en sentimens hostiles des dispositions qui , bien dirigées dans le principe , n'eussent jamais eu que la plus salutaire influence. Ainsi l'homme qu'une abeille ardente à l'ouvrage, mais vive et inquiète, semble avoir menacé de son dard , inquiet à son tour, troublé , éperdu , hors de lui-même , et ne connaissant pas l'art de la ramener à ses utiles travaux, la poursuit à outrance, la rend furieuse, et finit par attirer sur sa propre tête l'essaim tout entier, qu'une main plus prudente et plus habile eût laissé continuer l'œuvre de son pacifique trésor !

Dès cet instant l'on s'arrêta au plus funeste des partis : ne voyant plus que d'implacables ennemis dans des hommes que de justes concessions eussent facilement ramenés, on les repoussa toujours davantage , on les persécuta même avec acharnement. Ce n'était point assez : n'ayant pas su trouver un noble appui dans l'élan des hommes généreux ou dans la satisfaction des besoins du peuple, on chercha d'ignobles étais chez tout fauteur du privilége et de l'abus, chez les partisans même les plus avoués du régime qui venait de s'écrouler. De là ces inconcevables préférences d'absolutistes dans les emplois publics ; de là ces inconcevables disgrâces d'hommes les plus dévoués au nouvel ordre de choses ; de là enfin tous ces actes qui venaient chaque jour affliger les bons citoyens , et qui redoublaient les

forces de nos communs adversaires, naguère si consternés
et si soumis. Ceux-là peut-être, se disait-on, ceux-là du
moins ne sont pas d'irrémissibles ennemis de tout ordre
public ; caressés, recherchés par nous, ils se jetteront sans
doute dans nos bras, et nous les opposerons comme une
digue efficace aux audacieux novateurs... Vain espoir ! les
peuples savent oublier généreusement, mais l'égoïsme et
l'orgueil blessés ne pardonnent jamais !... Vain espoir !
l'habile et salutaire direction d'eaux impétueuses peut seule
prévenir leurs dévastations : on n'arrête point un torrent
en le refoulant vers sa source !

Je n'achèverai pas, Sire, le tableau de toutes les fausses
mesures du gouvernement à l'intérieur : les résultats en
sont trop frappans, les fruits trop amers ; mais fut-il mieux
inspiré dans nos relations extérieures ? là, du moins, sut-il
mieux consulter les vrais intérêts du pays et de l'humanité ?
là sut-il mieux se tenir dans la véritable ligne de sagesse
qu'un mot sorti de votre bouche eût si exactement carac-
térisé, si le sens n'en eût été complètement dénaturé dans
son application ? Oui, tout homme, tout gouvernement
surtout doit repousser les exagérations, de quelque côté
qu'elles viennent. Eh bien, quel était pour nous le véritable
juste-milieu dans le parti à prendre envers l'étranger, depuis
la révolution de juillet ?... La France, en effet, se trouvait
alors entre deux extrêmes dangereux : d'un côté, la pro-
pagande armée semblait aux plus ardens patriotes le seul
moyen de prévenir les complots de nos ennemis, et de répandre sur les peuples les bienfaits de la liberté ; de l'autre,
on avait à choisir au contraire une lâche condescendance
aux volontés de ces mêmes ennemis, de ces puissances depuis quarante ans coalisées contre nous, qui croient avoir
reçu de Dieu l'affreuse mission d'arrêter par le glaive et le
feu tout essor progressif de l'espèce humaine.

Or, j'en ai moi-même la plus profonde conviction, quelle
que soit ma vive sympathie pour les peuples enchaînés, je
crois que, à moins d'une attaque directe, nous ne devions
point intervenir directement dans leurs querelles intestines.

En effet, indépendamment des charges qu'une invasion armée impose toujours aux peuples, et qui finissent par rendre odieux même le soldat libérateur, comment s'assurer qu'une nation est mûre pour la liberté, lorsqu'elle ne peut seule opérer son émancipation? faudrait-il éternellement laisser chez elle une cohorte d'étrangers? Il faut donc, dans l'intérêt même des peuples, il faut, quelle que soit la douleur que cause le spectacle de leurs souffrances, il faut attendre du temps, des influences salutaires de l'exemple, du sentiment profond enfin de la liberté, que ce fruit soit transplanté de proche en proche par toute la terre.

Mais si l'on devait éviter le premier des extrêmes que je viens de signaler, quoique résultat de généreux sentimens, avec combien plus de force encore ne devait-on pas craindre de se précipiter dans l'absurde imprudence et la souillure de l'extrême opposé!... Quoi! penser que les rois du droit divin pourraient franchement reconnaître le roi de la souveraineté populaire! Quoi! penser qu'ils renonceraient, sans une crainte écrasante, au dessein de renverser son trône et d'exterminer le peuple incorrigible qui l'y avait fait monter! quel aveuglement incompréhensible!... Mais on reconnaît encore ici la cause première de tant d'autres erreurs : c'est toujours la crainte *hors mesure* de l'anarchie; c'est toujours la défiance de la masse nationale, et des hommes à fortes, à profondes inspirations. Pour tenir à l'étranger un langage fort, bien que modéré, il eût fallu se résoudre à suivre au besoin l'élan de la nation, à se placer fièrement à sa tête, à braver de nouveau, si le destin l'ordonnait, tous les derniers efforts du despotisme expirant. On ne comprit pas que cette détermination, par l'effroi salutaire et profond qu'elle aurait inspiré à nos ennemis, eût seule conjuré l'orage, eût empêché l'explosion même qu'on avait à redouter en rendant inutile le terrible mouvement du flot populaire. Au lieu de cette attitude pleine de dignité, mais la seule vraiment pacifique, on prit une attitude suppliante, on protesta de son regret, on s'excusa du cruel évènement qui avait brisé le sceptre de

Charles, et l'on crut obtenir pardon en promettant d'étouffer en France jusqu'à la dernière tête de l'hydre révolutionnaire !

Ah ! pourquoi votre gouvernement tomba-t-il dans cette inconcevable déviation du principe de son existence ? C'est qu'alors une voix secrète l'avertissait qu'il n'avait pas su en tirer les conséquences naturelles; c'est qu'il ne pouvait se dissimuler d'avoir trop sacrifié aux intérêts exclusifs, aux passions égoïstes. Tout lui rappelait qu'ayant négligé les intérêts du plus grand nombre et blessé de nobles sentimens, il ne pouvait plus exister d'alliance étroite entre le peuple et lui. Dans une aussi triste extrémité, il fallut donc recourir aux moyens précaires d'un pouvoir aux abois : il tendit la main à ses ennemis, parce qu'il avait aliéné le cœur de ses amis. Il ne craignit pas de se jeter dans le dédale impur du jeu diplomatique, où l'honnête homme le plus éclairé est certain d'être trompé par l'astuce la plus vulgaire; où l'honneur, la foi aux sermens sont appelés niaiserie; où l'excès de perfidie est seul de l'habileté!... Aussi que d'inconséquences cruelles, que de malheurs déplorables furent l'effet d'une position si fausse pour le gouvernement d'un peuple régénéré!...

La Belgique, d'abord noblement secourue par le principe pur de la non-intervention, bientôt après en proie à toutes les intrigues, à toutes les tortures d'une intervention tantôt ouverte et tantôt déguisée; divisée par les partis divers nés de tant d'oscillations, trompée par ses propres gouvernans sur l'état de ses forces défensives, est enfin conduite au point de ne pouvoir protéger elle-même son territoire; et, prête à subir une infâme restauration, elle est obligée d'appeler à son aide une armée étrangère : extrémité funeste où l'on désirait sans doute l'amener, afin que, discréditée, flétrie dans l'opinion, elle se laissât conduire docilement dans la carrière des rétrogradations qu'on avait déjà imposées à la France elle-même!...

L'Espagne fut peut-être encore plus indignement traitée. D'abord (un de vos anciens ministres l'a avoué publiquement) (1) les réfugiés furent organisés et envoyés sur les frontières de leur pays ; c'était peu après la révolution, le ministère cédait encore alors à l'opinion publique. Puis, se ravisant, et lorsqu'un demi-pacte fut formé avec la sainte-alliance, il ordonna à ces malheureux de quitter subitement leur position, et de rentrer comme de malheureux captifs dans l'intérieur de la France ; toutefois, peut-être par un de ces raffinemens affreux qu'on ose décorer du nom de haute politique, on ne prit point à cet égard de mesures suffisantes, et on les conduisit ainsi, on les poussa peut-être, à tenter un coup désespéré avant d'avoir réuni tous leurs moyens, afin que, repoussés, décimés, discrédités à leur tour chez leurs partisans, il parût bien constaté que l'Espagne *n'était pas encore mûre pour la liberté !...*

Fûmes-nous moins coupables envers l'Italie ? Loin de là, nous le fûmes plus encore. D'abord la conduite du gouvernement fut à peu près la même envers les réfugiés italiens qu'envers les Espagnols : on les laissa s'organiser, on leur donna des passeports pour se rendre à leurs frontières, puis on les dispersa soudain ; ensuite on leur promit solennellement qu'on ne souffrirait pas l'intervention de l'Autriche contre leurs frères de la Romagne et de Modène, et cependant l'intervention eut lieu. Encore, si l'on s'était tenu à ce premier abandon des principes ! mais non, il fallait montrer tout ce qu'on peut enfanter de monstrueux quand une fois on a abandonné la route de la vérité. Par un mouvement de colère, dit-on, de la part du ministre dirigeant, ou peut-être par un retour passager au sentiment de ses devoirs, une expédition est dirigée sur un des ports de l'Italie ; on s'y établit malgré l'autorité locale, le drapeau tricolore flotte sur la citadelle d'Ancône !... N'était-ce pas dire à ces bouillantes populations qu'on venait les protéger contre la tyrannie de leurs gouvernans ? n'était-ce pas jouer à leur égard le véritable rôle d'agens provoca-

____

(1) M. Guizot, dans un discours prononcé à la chambre des députés, durant la dernière session.

teurs? Et pourtant, quelle fut la suite d'une démonstration qui semblait si claire dans son but? Ce fut presque aussitôt le plus honteux désaveu auquel une nation puisse se soumettre; ce fut une prosternation profonde, ridicule, si elle n'eût été révoltante, envers le faible potentat dont la veille on se jouait sans détour. Ainsi, pour l'Italie, comme pour la Belgique et l'Espagne, tout, de la part de notre gouvernement, fut marqué au coin de l'inconséquence, et par conséquent d'une gratuite cruauté, qui livrait de nouvelles victimes à la vengeance des petits tyrans de ce beau pays.

Enfin la Pologne... à ce nom surtout mon front rougit de honte et mon cœur se serre de douleur! la Pologne, cette noble sœur, qui cent fois prodigua pour nous le sang de ses fils! prête à s'immoler tout entière pour nous préserver du fer des barbares, la Pologne ne put obtenir, au début d'une lutte si magnanime, un seul mot de sympathie de la part de notre gouvernement. On ne fit alors aucune démarche en sa faveur, mais on laissa dans son sein d'infidèles représentans du peuple français, comme pour rendre impossible toute communication sûre entre les deux nations, comme pour donner un agent de plus à notre ennemi commun. Et plus tard, lorsque l'opinion unanime de la France obligea le ministère à prononcer quelques mots pour cette belle cause, avec quelles réticences ne furent-ils pas proférés! avec quelle mollesse n'intervint-on pas auprès de l'atroce destructeur du nom polonais!... Et fit-on quelque chose pour empêcher l'inique intervention des puissances voisines, sans l'appui desquelles l'armée russe aux abois eût été deux fois anéantie sans ressource? Pouvait-on alors se retrancher dans l'atroce ironie qu'on ne pouvait *aller en ballon* prêter secours à nos frères du Nord? Un seul mot, un signe, la marche d'un régiment vers nos frontières n'eût-elle pas fait trembler jusqu'à la moelle des os les souverains qui nous avaient vus si long-temps dans leurs capitales?... Enfin, pour comble d'indignité ou d'ineptie, lorsque le plus héroïque désespoir pouvait seul encore faire naître une crise favorable à la Pologne, on lui recommande, on lui impose même, pour prix d'une médiation tardive, on lui impose une froide prudence. le calme, la temporisation. La temporisation, grand Dieu! lorsque chaque seconde amène un danger irréparable, lorsque la mine est sous les pieds, lorsque l'assassin touche au cœur de la victime!...

La plume tombe de mes mains... A l'aspect de ces sanglantes funérailles, je me sens presque entièrement privé de mes sens... je n'ai plus la force de rassembler toutes les réflexions qui se pressaient auparavant dans mon esprit... Ah! tâchons, tâchons pourtant de reprendre le fil de nos idées, pour en tirer du moins d'utiles conclusions; profitons, s'il se peut, du souvenir de ces grandes càtastrophes pour dessiller des yeux encore fermés à la lumière.

Ah! Sire, c'est dans cette succession de fautes, si profondes, si fertiles en désastreux résultats, que réside la source unique de l'état de confusion, de malaise et d'irritation qui nous afflige tous. On se trompe étrangement lorsqu'on pense que les révolutions n'ont pour cause que *l'inconstance éternelle des peuples*, ou la folie incurable des *éternels ennemis du repos public*. Non, les peuples ne sont point inconstans, ils veulent toujours le bien-être; mais, déçus sans cesse dans une attente si légitime, le désespoir les fait souvent aller d'une bannière trompeuse à une bannière plus trompeuse encore. Non, il n'existe point d'être assez insensé pour vouloir éternellement détruire; car le besoin de jouissance et de sécurité est commun à toute l'espèce humaine. Deux espèces d'hommes, il est vrai, peuvent devenir des agens de commotions politiques. Les uns, d'un caractère inquiet ou ambitieux, peuvent en effet chercher à déterminer de telles crises pour satisfaire leurs passions; mais l'existence même de ces hommes n'est-elle pas le fruit d'institutions vicieuses, qui ne savent pas donner à nos passions une direction salutaire? Or, le remède à cette plaie pourrait-il être autre que la réforme des institutions qui l'ont fait naître? Mais il est une autre classe d'hommes, qui, restés purs au milieu des vices qui les environnent, semblent ne respirer que pour le bonheur de leurs semblables. Parmi ces hommes, les uns se contentent de gémir en silence du mal qui pèse sur l'humanité ; mais d'autres, plus impatiens, plus généreux peut-être, s'élancent avec ardeur vers tout ce qui semble promettre une régénération sociale : ils ne se croiraient point vertueux complètement s'ils ne travaillaient eux-mêmes à ce grand œuvre. Si l'on jouit autour d'eux de quelque liberté, ils s'efforcent d'abord de répandre les idées qui se pressent dans leur âme ; ils voudraient faire passer tous leurs sentimens dans les autres cœurs. Bientôt ils cherchent des moyens plus efficaces : ils proposent leurs plans, ils en commencent l'exécution , si l'exécution est dans leur sphère... jusque là tout est paisible et sans danger. Mais si l'autorité publique, placée en des mains arriérées, s'avance vers eux avec sa fatale intervention... si elle méconnaît tout ce qu'il y a de sacré dans la mission de ces hommes d'avenir ; si elle s'irrite, si elle persécute, si elle trompe chaque jour de justes espérances, alors une lutte déplorable s'engage ; une lutte qui finit par produire un ébranlement général , dont chaque parti s'accuse tour à tour, mais dont la cause évidente, unique, est dans le propre aveuglement de l'autorité, dans les moyens mêmes qu'elle croyait le plus propres à le prévenir.

Je le répète donc, Sire, et le répèterai jusqu'à ce que ma faible voix soit entendue : les véritables causes des révolutions sont toujours *dans le défaut de satisfaction* des besoins, *matériels* ou *moraux*, des populations qu'on gouverne. Il n'est pas un jour de votre règne qui n'ait donné à cet égard d'utiles enseignemens : que sont en effet ces émeutes, éclatant de toutes parts, et sans cesse renaissantes, tantôt pour la cherté des subsistances, tantôt contre d'odieux et impolitiques impôts, tantôt pour de simples pensées politiques? Ne sont-elles pas des expressions trop réelles, quoique coupables, de véritables besoins qui sont loin d'être satisfaits?

Mais, au-dessus de tous ces symptômes, déjà si alarmans, deux grandes et fatales crises vous ont été manifestées dans un trop court espace de temps, pour qu'elles n'aient pas frappé votre esprit d'une manière profonde. Ces crises furent le soulèvement des *ouvriers* de Lyon, et le soulèvement des *républicains* de Paris.

A la première de ces catastrophes, lorsque le tonnerre grondait encore, un des organes de votre ministère parut comprendre toute la portée de cette leçon terrible. Toute la politique doit être changée, s'écria-t-il avec une sorte de voix prophétique. A quoi peuvent désormais servir, disait-il, nos vaines disputes sur le pouvoir gouvernemental? un but unique doit tous nous réunir, l'amélioration fondamentale du sort des classes souffrantes. Mais à peine le danger fut-il passé qu'on oublia cette généreuse et féconde inspiration, pour rentrer dans les déclamations ordinaires contre les fauteurs de troubles, contre l'injustice du parti de l'opposition, et l'on ne pensa plus qu'à faire encore de la *force* dans le sens vulgaire et barbare de ce mot.

La seconde catastrophe est encore trop fraîche et trop saignante pour qu'on puisse présager quel conseil de sagesse en devra tirer votre gouvernement ; mais si l'on devait conclure sans retour des premiers actes qui l'ont suivie, si l'on s'arrêtait aux dispositions manifestées par les aveugles adhérens de toute puissance victorieuse, on ne pourrait se défendre de sinistres pressentimens, on ne pourrait s'empêcher de regarder comme difficile une réconciliation sincère entre le pouvoir et la liberté ; on pourrait craindre enfin que cette triste victoire ne fût avidement saisie comme un prétexte pour le triomphe de la tyrannie ! Ne déposons pas l'arme de la terreur, s'écrient certains hommes avec transport, jusqu'à ce que l'anarchie soit entièrement terrassée !... Ainsi l'inhabile médecin qui, par un régime absurde, a su rendre frénétique un malheureux confié à ses soins, finit par être réduit à lui ouvrir les veines, comme seul moyen de s'en préserver, et il se croit encore un prodige de prudence et d'habileté !

Mais le malheureux ainsi sacrifié ne renaît point, et par sa mort tout est consommé avec lui. Il n'en est point ainsi des exécutions politiques : les individus périssent, mais ils se succèdent, et les générations sont éternelles. C'est l'hydre vraiment renaissante ; mais il dépend des chefs des nations de la dépouiller de son caractère de monstre, comme ils peuvent la rendre toujours plus menaçante. Je suis encore ici forcé de le répéter, car c'est une maxime que rien ne peut remplacer, une maxime dont l'oubli a fait tous les malheurs de l'humanité, le seul moyen vraiment efficace, le seul moyen de sortir enfin du cercle fatal des révolutions, c'est de satisfaire enfin aux justes exigences de l'humanité. Hors de là, tout est trouble, violence et destruction.

Ces vérités sont affligeantes, Sire ; mais n'ont-elles pas leur côté consolateur, et désespéreriez-vous de saisir vous-même ce qu'elles peuvent inspirer de salutaire ? Croyez-moi : dès l'instant que vous seriez frappé de leur éclat, toute difficulté s'évanouirait, comme un faible brouillard disparaît devant les rayons puissans du soleil. La seule reconnaissance d'une erreur porte souvent avec elle tous les moyens de la réparer. D'ailleurs, au milieu de tant de fautes malheureuses, n'est-il donc aucun acte de votre gouvernement qui porte en lui-même le germe d'une meilleure direction ?... Ah ! rendons justice à qui le mérite : un de vos ministres, quelle qu'ait été sa ligne politique, à qui je rends hommage pour ses principes d'économie intérieure, un de vos ministres a présenté dans la dernière session plusieurs lois, sans doute encore imparfaites, mais qui toutes sont dans la voie du progrès, qui toutes ont pour but de parer aux besoins les plus pressans de la masse souffrante, en même temps qu'elles créeraient pour les autres classes de nouvelles sources de prospérité. La loi sur les céréales, celle d'expropriation pour utilité publique, la loi des entrepôts, le nouveau tarif des douanes, voilà des actes que les plus fougueux organes de l'opposition n'ont pu s'empêcher de louer. Eh bien ! Sire, lancez-vous avec joie dans cette voie bienfaisante ; saisissez avec transport ce véritable fil conducteur qui doit vous sortir d'un dangereux labyrinthe. Oubliez vous-même aussi les erreurs de quelques uns de vos concitoyens, et ne songez plus qu'à les diriger dans les moyens de tout ramener à une conciliation générale. Que, sous votre paternelle impulsion, naisse un vaste système de travaux publics, bienfait actuel pour des millions de familles, source intarissable de richesse et de grandeur futures. Qu'en même temps un religieux examen soit porté sur les branches d'impôts qui étouffent la production, écrasent et démoralisent le peuple, qui établissent une guerre perpétuelle, tantôt de fraude et tantôt de violence, entre le fisc et les particuliers.

Et déjà, lorsque ainsi l'on aura semblé ne satisfaire qu'à des besoins matériels, une grande et salutaire influence morale aura été exercée sur toutes les classes : à l'irritation succèdera la reconnaissance : à l'immoralité succèderont des habitudes vertueuses, fruits de l'amour du travail et d'une juste distribution des avantages sociaux. Vous pourrez alors avec calme, avec le concours de tous les efforts, vous occuper de la révision de quelques lois gouvernementales qui ne garantissent pas assez tous les intérêts, ou qui ne donnent pas un suffisant accès à toutes les puissances morales de la société.

Une telle discussion ne sera point alors une lutte à mort de partis exaspérés ; ce sera une discussion calme, loyale, entre les membres d'une même famille, voulant tous la même fin, et dont les nuances d'opinion contribueront au perfectionnement du travail commun. Enfin, pour couronner le magnifique édifice du bonheur public, qu'on se hâte d'organiser un vaste et profond système d'éducation nationale, qui embrasse toutes les facultés humaines, physiques, morales, intellectuelles, un système d'éducation à la fois théorique et professionnelle, qui développe la pensée et assure l'action, qui donne un libre cours à toutes les bonnes tendances, qui les harmonise toutes vers un même but, qui réalise enfin, autant que le veut notre nature, le véritable âge d'or des peuples, qu'une poésie fantastique plaça dans le passé, mais qui ne peut vraiment naître que d'un avenir perfectionné !...

Alors, Sire, seront accomplies les plus hautes destinées qu'une nation et son chef puissent atteindre ! Alors il n'y aura plus de partis furieux, plus d'anarchie ; alors il n'y aura plus de *républicains*, dans le sens effrayant de ce mot ; car ceux qui, maintenant, croient que l'élection peut seule assurer le règne de l'équité, seront entièrement désabusés par la plus irrésistible des preuves, celle des faits. Alors même vous aurez gagné le parti des *légitimistes*, bien mieux que par d'imprudentes concessions ; car votre règne sera marqué du sceau le plus irrécusable de toute légitimité, l'empire du bonheur de tous. Il est aussi, dans les rangs de ce parti, beaucoup d'hommes qui ne furent qu'égarés par de fausses notions d'ordre social, et qui ne résisteront pas non plus à l'évidence universelle des faits. Eh ! ces hommes sont aussi nos frères, et c'est alors seulement que nous pourrons les ramener dans nos bras, à force de justice et de bienfaits.

Ah ! Sire, ce double triomphe ne sera-t-il pas plus doux pour votre cœur que celui des baïonnettes et des échafauds ?... Alors les hymnes pacifiques, dont vous serez salué de toutes parts, ne seront pas trompeuses comme les délirantes acclamations de la passion du moment. Alors vous n'aurez plus besoin de ces fragiles et cruels secours ; alors vous n'aurez plus de sédition à réprimer, plus de rebelles à punir ; alors vous pourrez vous écrier : Je suis le plus heureux et le plus puissant roi de la terre !...

DE L'IMPRIMERIE DE LACHEVARDIERE,
RUE DU COLOMBIER, N° 30, A PARIS.